AF230310

LA QUESTION

DE

COCHINCHINE

AU POINT DE VUE

DES INTÉRÊTS FRANÇAIS

PAR

M. H. ABEL

⸎

PARIS

CHALLAMEL AINÉ, ÉDITEUR,

LIBRAIRE COMMISSIONNAIRE POUR LES COLONIES ET L'ORIENT,

RUE DES BOULANGERS-St-VICTOR, 30 (5e arrondissement.)

1864

AVANT-PROPOS.

Le but que nous nous sommes proposé dans cette étude de
la Cochinchine, est, tout en racontant brièvement les principaux
faits qui se rapportent à l'histoire de nos relations avec cette
contrée de l'extrême Orient, d'appeler surtout l'attention sur la
conduite politique de son gouvernement. Nous parlerons des
moyens dont il s'est servi, depuis le jour où il s'est mis volontairement en contact avec nous, jusqu'au moment où, rentrant
en lui-même, nous avons été amenés à recourir à l'emploi de
moyens énergiques; ceux-là seuls furent reconnus efficaces
après de nombreuses tentatives pacifiques, pour obtenir de lui
le redressement de griefs que l'humanité entière réprouvait, et
pour acquérir la liberté d'enseignement et de pratique pour la
religion chrétienne, l'ouverture de quelques ports au commerce européen et une cession de territoire.

Connu seulement, jusqu'à présent, par les relations des mis-
sionnaires français et espagnols qui ont affronté les persécutions
les plus violentes ordonnées par des souverains cruels, relations
qui s'adressaient plutôt aux cœurs compatissants qu'à l'esprit
des gens éclairés, l'empire d'Annam voit de jour en jour se
soulever le voile qui le cachait aux regards. Encore quelques
années, et rien de ce qui le concerne, pas même la marche de
sa politique ténébreuse et perfide, ne pourra éviter l'examen
attentif de cet Occident dont il redoutait l'approche comme

celle d'un fléau et qui s'est implanté, malgré sa volonté, chez lui, pour y apporter les lumières d'une civilisation qu'il repoussait et les bienfaits d'une morale douce et charitable qu'il voulait anéantir.

Si nous avons ensuite examiné la situation où nous met le traité de Saïgon, c'est pour exciter la curiosité ou plutôt l'intérêt de l'opinion publique sur des faits qui, étant liés à la prospérité de la France à un haut degré, y sont à peine observés ou passent inaperçus.

Nous avons même, dans quelques parties de ce travail, mis en avant certaines idées sur la politique à tenir dans ces contrées où la Providence semble avoir poussé à dessein l'action de la France. Mais nous espérons qu'on ne trouvera pas, après les avoir lues, que nous avons eu trop d'illusions; elles viendraient de ce que nous entrevoyons pour la France un magnifique plan dont la réalisation est désirée par tout cœur qui a vu de quel éclat brille à l'étranger le pavillon de certaines nations, alors que le nôtre, dont la gloire cependant couvre l'Europe entière, commence à peine à s'y montrer.

Dans tout ce qui suit et qui a trait soit à la connaissance de ce pays, soit à son administration et à sa colonisation, on voudra bien ne voir que l'expression d'un désir, celui d'apporter un faible tribut à l'édification et à la réussite de l'ouvrage entrepris, et celui de proclamer où en est l'œuvre que des enfants de la France, rendus plus énergiques par l'éloignement de la mère patrie et plus opiniâtres par son involontaire ignorance à l'égard de leurs travaux, poursuivent avec un zèle méritoire et une ardeur remarquable.

LA QUESTION

DE COCHINCHINE

AU POINT DE VUE DES INTÉRÊTS FRANÇAIS.

I

Premières relations avec la France. — L'abbé Pigneau de Béhaine. — Traité de
Versailles en 1787. — L'évêque d'Adran et Gia-long. — Secours des officiers
français. — Prospérité du règne de Gia-long. — Ses projets.

Sans raconter les phases de la question de Cochinchine depuis
son origine, nous attirerons cependant l'attention du lecteur sur
les divers événements qui ont amené, depuis l'année 1787, les gou-
vernements successifs de la France à chercher à nouer des relations avec cet empire, et nous tâcherons de déduire quelques ob-
servations des faits déjà accomplis, et même d'en tirer quelques
enseignements pour l'avenir, si c'est possible.

D'abord nous voyons le roi Louis XVI se prêter aux demandes
de secours d'un prince d'Annam luttant contre une usurpation de
sa couronne par des chefs rebelles ; en retour de ces secours, nous
devions recevoir de grands avantages pour la France ; ces avantages étaient bien plus considérables que ceux qu'une guerre de plusieurs années vient d'arracher au souverain actuel de ce royaume,
et ils paraissaient d'autant plus précieux qu'ils nous étaient volontairement offerts : mais, malgré ces circonstances, nous examine-

rons jusqu'à quel point nous aurions pu compter longtemps sur ces avantages.

Un missionnaire dont le nom restera célèbre dans les annales de la Cochinchine, avait conçu ce plan patriotique dans le louable but de favoriser l'introduction de la civilisation chrétienne dans ces contrées. Il s'était chargé de négocier cette affaire auprès de la cour de France : Aussi son royal protégé, dont il avait gagné la confiance et l'amitié par son attachement constant aux vicissitudes de sa fortune, et par les sages conseils qu'il lui donnait, lui avait-il confié comme témoignage de l'authenticité de sa mission, non-seulement le sceau de l'empire qu'il voulait reconquérir, mais encore son jeune enfant.

L'abbé Pigneau de Béhaine s'était ainsi voué à la réussite du projet de rétablissement de la couronne sur la tête de ce prince : il faut le dire, nulle autre personne n'était à même de mieux servir les intérêts de cette cause ; car, par son esprit élevé qui l'avait depuis longtemps fait choisir comme évêque de ces contrées, il possédait une entière connaissance du génie et du caractère de ce peuple, et à travers son imagination vive, il entrevoyait dans l'avenir l'influence heureuse que la France pouvait attendre du développement des ressources de ce pays et des progrès rapides de la civilisation européenne chez une nation aussi douce et aussi intelligente.

Or, on sait que les secours que Louis XVI avait accordés, furent retenus en partie par l'irrésolution du gouverneur de Pondichéry, et que la révolution qui éclata en France ne permit pas de s'assurer de la durée des avantages qui, dans la suite, auraient dû être le prix des sacrifices faits surtout par le commerce de Pondichéry : car, confiante dans l'avenir du projet à exécuter, la population de cette colonie contribua puissamment par ses secours en officiers, en hommes et en matériel, à faciliter la conquête du trône perdu, et nous remarquerons aussi que les colonies des îles de France et de Bourbon partageaient les mêmes espérances.

Mais d'un autre côté, ce prince après avoir été remis en possession de sa couronne, ne serait-il pas lié seulement par les devoirs d'une reconnaissance qui lui pèserait, et avec lesquels il n'oserait rompre, surtout en vue d'obtenir un bon jugement de la postérité, chose à laquelle tiennent beaucoup les grands chez les Annamites?

L'évêque d'Adran et les officiers venus à son appel conserve-raient-ils toujours le même ascendant sur l'esprit de ce souve-rain, obligé de ménager les hauts fonctionnaires de l'empire, déjà jaloux des faveurs accordées aux Français?

Ce prince, quoique paraissant désirer accorder de grandes faci-lités au commerce étranger, pourrait-il lutter contre le mauvais esprit de la tête de sa nation, qui voyait avec déplaisir la possibilité de relations fréquentes ouvertes avec les Européens?

Nous ne le croyons pas; son caractère même s'y opposait : car, tant que vécut l'illustre Pigneau, Nguyen-anh, qui plus tard donna le nom de Gia-long à son règne, fut sous l'étreinte de l'impérieuse volonté de ses conseils. Malgré l'amitié qui fut toujours témoignée à ce prélat par ce souverain reconnaissant, nous pensons que ce dernier ne voulut prendre de l'assistance française que ce qui le faisait arriver plus aisément au pouvoir et lui en assurait la con-servation ; il ne demandait qu'une forte organisation de l'élément militaire et de tout ce qui s'y rattachait. Pouvait-on, d'ailleurs, at-tendre autre chose d'un souverain asiatique absolu, quelque doué qu'il fût de bonnes qualités? Pour arriver à son but, il faisait bien des concessions à l'illustre maître (il appelait ainsi son ami et con-seiller) ; mais ces concessions si favorables en apparence à la liberté religieuse, lui si puissant, n'aurait-il pas pu les rendre réelles et efficaces?

Il n'en fit rien. Il se contentait de donner une grande publicité à des ordres pompeux et élogieux qui paraissaient assurer dans l'avenir une ère toute nouvelle à la cause de la civilisation chré-tienne; mais quiconque a vécu quelque temps dans les pays asia-tiques, sait que cela ne suffit pas. Gia-long, dans la grandeur de sa puissance, n'osait ou plutôt ne voulait pas sévir contre ceux qui, hostiles à la complète exécution de ses plans, les trouvaient inu-tiles pour l'administration, la bonne politique et la prospérité de leur nation; leur sourde résistance et leur conduite imitée à cet égard par leurs inférieurs, rendaient lettre morte les édits royaux publiés dans l'intérêt de la religion chrétienne.

Ainsi, Monseigneur d'Adran n'obtenait pas avec toute la pro-tection, même avec la sincère amitié d'un souverain puissant, les moyens nécessaires pour arriver au but qu'il avait convoité ardem-ment : c'est qu'il n'avait pas tenu compte du caractère asiatique de son ami, caractère qui, malgré toutes les transformations qu'il subissait de gré ou de force, revenait toujours à son naturel, où l'appelait la satisfaction de son ambition par la réussite de ses projets. Quoique maintenu constamment dans la bonne voie par une main amie, sage et fraternelle, Gia-long retrouvait en lui cet instinct ennemi de tout progrès, signe caractéristique qui distingue les grands de ces races asiatiques aveuglées par leur ancienne civilisation ; mais heureusement, sa bonne nature en atténuait chez lui les effets par un de ses plus précieux dons, celui d'une vive reconnaissance.

Gia-long devait être un de ces esprits généreux, accessible aux grandes conceptions, et, quoique absolu, facile aux concessions quand elles favorisaient ses intérêts : ayant une intuition plutôt qu'une profonde connaissance du cœur humain, il s'est montré habile par sa conduite à l'égard des officiers qu'il a eus à son service : il a noyé chacun d'eux dans les horizons bornés et successifs des services qu'ils pouvaient rendre ; il usait de flatteries à l'égard de leur amour-propre ; il leur conférait des titres plus pompeux qu'élevés en réalité, et il les donnait comme exemple à ses hauts mandarins, dont il blessait profondément l'orgueil.

Absorbés par l'étendue de leur tâche et par les grandes difficultés de création qu'ils avaient à surmonter pour arriver à son exécution, si quelqu'un de ces officiers a jamais essayé de sortir de ce cercle, il n'a pas tardé à s'y renfermer de nouveau, se voyant, à cause des événements politiques extérieurs, à la merci de ce souverain, dont ils avaient trop précipitamment adopté la patrie, et dont ils connaissaient peut-être trop bien le caractère emporté et absolu, pour espérer quelque résultat à ce sujet. Leur tâche était difficile et pénible : isolés au milieu d'un peuple tout nouveau pour eux, ils ont laissé, suivant leur spécialité, d'impérissables souvenirs pour tous ceux qui connaissent ces contrées.

Ces vastes et magnifiques citadelles, chefs-lieux des provinces, leurs immenses magasins, le nombreux matériel militaire et naval, attestaient une grande splendeur et dénotaient la puissance créatrice que ces officiers imprimèrent au règne de Gia-long. L'hydrographie des côtes et celle d'une partie des bassins fluviaux de cet empire était dressée par eux ; ce travail aidait à la détermination des positions importantes, véritables clés de la domination, et il aurait été difficile de faire un meilleur choix, pour l'établissement, dans la basse Cochinchine, des citadelles de Saïgon, de

Bien-hoa, Mythô, Vinh-long, Chaudoc et Ha-tien, qui forment un cordon infranchissable pour toute nouvelle invasion du territoire annamite à travers le Camboge, par une armée siamoise.

L'organisation civile, militaire et maritime avait été ou remaniée ou créée par ces officiers, et l'impulsion donnée par l'incessante activité de Gia-long descendit sur tous les fonctionnaires annamites, en donnant à leur autorité cette force de centralisation si remarquable, qui s'étendit rapidement, des provinces sud de son empire, baignées par le golfe de Siam, jusqu'aux frontières de la Chine, où il maintenait une conquête difficile.

En réfléchissant à la puissance énorme à laquelle Gia-long avait élevé si promptement la nation annamite pendant les premières années de son règne, dont le prestige a préservé jusqu'à ce jour toute dissolution dans cet empire ; en examinant cette armée de création nouvelle, munie d'une artillerie légère, et dont l'effectif, grossi comme par magie, s'élevait facilement à plus de 150,000 hommes ; en voyant ces nombreuses places fortes armées de grosses pièces de bronze ; ces immenses magasins encombrés de denrées, et cette activité dans les arsenaux maritimes où se construisaient une grande quantité de bateaux plats et des petites corvettes destinées à devenir maîtresses des mers de Chine, on est en droit de se demander si Gia-long avait eu seulement pour but le maintien de sa couronne, si c'était la crainte d'une insurrection toujours imminente à étouffer dans le Tonquin qui lui faisait conserver de si grandes forces ; ou plutôt, s'il n'avait pas nourri l'exécution de vastes projets pour l'agrandissement de son royaume. De quel côté aurait-il alors porté ses pas? Est-ce vers la Chine? Ce n'est guère probable : ses intérêts et le désir d'assouvir sa vengeance l'appelaient vers le sud. Il aurait conquis le reste du royaume cambogien non encore incorporé à l'empire annamite, et en s'établissant au Nga-tu de Nam-vang, à la jonction des quatre bras du fleuve du Camboge, il se préparait par l'excellence de cette position une solide base d'opérations pour envahir le royaume de Siam.

II

L'influence française se serait-elle maintenue ? — Politique de Minh-mang. —
La persécution. — Thieu-tri et Tu-duc.

Notre intention n'est pas de rechercher quels sont les motifs
qui ont empêché Gia-long de réaliser ses plans, que nous ne faisons
que mentionner ; mais bien d'examiner avec soin la conduite qu'il
aurait tenue à l'égard du traité de Versailles, au milieu de son
omnipotence. Ses conseils à celui qui lui succéda sous le nom de
Minh-mang, nous révèlent complétement le fond de la pensée et
du caractère de Gia-long, qui est remarquable comme enseignement, en ce sens qu'il peint à merveille celui de la race annamite,
et surtout celui de la classe des lettrés, de celle qui gouverne. Il
montre la facilité avec laquelle tout Annamite cache longtemps le
fond de sa pensée, se laisse même aller, poussé par son orgueil et
sa ruse, à des concessions faites généreusement en apparence,
mais avec la résolution secrète, qui ne se dévoile qu'à la fin, de se
débarrasser de toute contrainte et de vouloir marcher seul à la
première occasion favorable. Nous essayerons plus loin d'indiquer
l'unique moyen de combattre et d'anéantir le tenace côté de ce
caractère, qui sera toujours le plus grand obstacle à toute grande
entreprise de notre part.

La suite des événements nous confirme dans la croyance
que rien ne fut fait pour suivre les conseils des officiers qui, seule
cause de la grandeur de ce règne, furent obligés successivement
de rentrer en France. Une décadence, aussi rapide que l'élévation
avait été grande, s'ensuivit, et cet empire fut replongé dans l'inerte
vie dont il n'était sorti un moment que pour conserver les traces
inutiles de cette ancienne prospérité. Déjà le rétablissement de la
paix en Europe avait permis d'essayer de renouer des liens avec
cet empire ; mais le mauvais vouloir fut trouvé partout ; une réac-
tion avait eu lieu, et elle était d'autant plus forte que l'état précé-
dent des choses avait duré longtemps. Au reste, le caractère cruel
et déloyal de Minh-mang ne contribuait qu'à lui donner une cou-
leur plus sombre. La religion catholique ne fut plus tolérée par

lui; les chrétiens et leurs pasteurs, traqués comme des bêtes fauves, n'échappaient aux persécutions et à la mort qu'en abjurant leur religion; mais des flots de leur sang témoignèrent de la profondeur des racines du christianisme et de la vivacité de la foi chez les Annamites.

Minh-mang, dans sa rage, voulait qu'on exterminât tous les membres de cette religion perverse : il ne se doutait pas que son acharnement contre elle serait une des causes qui la feraient triompher plus tard. Dans la plupart des gouverneurs des provinces, ce souverain trouvait des bourreaux qui renchérissaient sur les ordres de leur maître. Par là, Minh-mang croyait faire une guerre acharnée à toute idée européenne; car il voyait, dans la libre propagation de la foi chrétienne dans ses États, le contact forcé et prochain de son peuple avec les étrangers occidentaux; et, mettant à exécution l'inspiration que lui avait léguée son prédécesseur en mourant, qui, dans sa sagacité, avait prévu la lutte qu'amènerait l'introduction des nouvelles idées, il s'acharnait comme un tigre le ferait sur les barreaux de sa cage par l'instinct que lui donne sa liberté perdue, sur tout objet de fabrication européenne, détruit immédiatement par ses ordres, de peur que, même la matière de cette provenance, ne pût en introduire les idées.

Désormais telle fut la politique sauvage et cruelle du royaume d'Annam à l'égard des étrangers et les successeurs au trône de Minh-mang, Thieu-tri et Tu-duc qui règne actuellement, n'y ont pas failli.

III

Nous arrivons ainsi aux événements qui ont amené l'état actuel des choses; leur histoire depuis l'année 1858 est présente à tous les esprits, et elle peut convaincre que l'emploi de la force devenait nécessaire, qu'elle pouvait seule faire cesser l'obstination, dans cette voie regrettable des hauts fonctionnaires chargés de la conduite du gouvernement de ce peuple. La mauvaise foi a toujours été mise en évidence par eux dans les relations provoquées soit de leur part, soit de la nôtre pour amener la fin des hostilités. Mais de notre côté ils n'ont rencontré que cette droiture inflexible de notre conduite dont les exigences seules augmentaient avec la durée de la guerre. Là, au reste, est le seul secret politique capable de réussite avec les nations asiatiques. Et certes si la résistance de la cour de Hué a été vaincue, elle ne l'a été que par suite d'un événement fortuit, la concordance des succès de l'insurrection du Tonquin en faveur d'un prétendant de l'ancienne famille royale des Lê, avec nos progrès de conquête dans la basse Cochinchine.

Mais examinons si cette conduite était sincère, et si, par notre loyauté et notre droiture dans le cas où elle ne le serait pas, nous pouvons l'amener à le devenir. Là doit tendre notre but dès ce moment, sans restriction aucune pour l'avenir, jusqu'à ce que la conduite de cette cour se dévoile de nouveau. Or, elle ne pouvait être sincère, cette conduite; car les offres de traiter faites par nous, victorieux, n'ont été acceptées par cette cour qu'à cause de l'intérêt politique capital qui était en jeu à ce moment pour le royaume.

En voici les preuves : en guerre dans le sud et dans le nord, la situation de l'empire pouvait devenir très-critique; aussi si par la paix de Saïgon, conclue le 5 juin 1862, le conseil du roi mettait habilement sa confiance dans notre bonne foi, c'était pour mieux nous tromper : car il prévoyait bien que cette politique devait avoir comme double résultat, d'abord celui d'éteindre la guerre régulière avec nous dans le sud, sans toutefois rien changer à notre état de guerre, en suscitant dans les trois provinces qui nous étaient cédées une nouvelle rébellion de la population contre notre autorité; et ensuite d'écraser les forces des rebelles dans le Tonquin.

Que fallait-il faire à ce moment? tandis que nous débloquions Hué et que, rien n'étant plus à craindre de ce côté, nous voyions les Annamites dégarnir cette place d'une partie des troupes qui la gardaient habituellement, et profiter aussi de la liberté de la mer pour assurer le triomphe de l'autorité royale sur l'insurrection du Tonquin, par la sortie de la rivière de Hué de quelques cor-

vettes et de nombreuses jonques de guerre, chargées de troupes,
de vivres, de matériel et de munitions. Fallait-il rompre le traité
(certes jamais occasion ne fut plus favorable); et fallait-il recommencer la guerre vigoureusement, alors que nous avions les
preuves patentes, quelques mois après sa signature, du but de la
cour; que par ce but elle n'avait voulu qu'écraser son nouvel et
dangereux ennemi et se débarrasser momentanément de nous
pendant ce temps, par la conclusion d'une paix dont elle se hâtait
d'exécuter hypocritement plusieurs clauses pour donner une
preuve de son désir de trêve, et tandis qu'elle tâtait en même
temps le terrain pour essayer de remettre le traité en discussion?

N'est-ce pas là un exemple inouï de la fertilité en expédients
des diplomates de ces contrées, expédients qu'ils appuyaient par
l'explosion d'une formidable et générale insurrection! Habilement
préparée pour l'heure même de la remise des prétentions de
la cour, elle devait nous harceler et malgré la paix nous tenir ha-
letants?

Mais la cour de Hué n'avait pas mis encore son dernier espoir
sur cette pression qui, en rendant un moment la position difficile
pour nous, n'eut aucun résultat et ne put nous faire dévier en rien
de la ligne droite contre laquelle doivent se briser toutes les tentatives et les machinations à venir de cette tortueuse politique. Au
contraire, par cette insurrection, la cour de Hué a solennellement
prouvé à la population qui nous est échue en partage, son impuis-
sance réelle, et elle est devenue la cause involontaire d'un retour
très-marqué en faveur de notre domination. Et nous, par notre
refus, à Saïgon, d'écouter les nouvelles prétentions de la cour de
remettre en question le traité, et en ne déchirant pas encore à cette
seconde occasion ce traité que nous venions de lui faire signer,
nous lui apprenions combien étaient solennels et sacrés les engagements pris par des plénipotentiaires.

Toutes les démarches des Annamites pour nous amener à
rompre le traité, doivent grandir à nos yeux son importance : sans
vouloir discuter en ce moment ses avantages ou ses désavantages,
nous nous bornons à constater, comme un fait d'un prix capital,
cette seule signature où le gouvernement d'Annam s'est laissé
amener malgré lui. Et c'est cependant ce traité qui a peut-être
sauvé l'empire de sa perte, que cette cour trouve si onéreux qu'elle
voudrait s'en délier à tout prix !

Suivons encore les événements et examinons sur quoi devait porter à Paris cette discussion du traité demandée à Saïgon le 17 décembre 1862, jour même de l'explosion de l'insurrection. Or c'était une abrogation, une annulation complète plutôt qu'une discussion : car l'envoyé de la cour de Hué nous apportait la demande d'expédier une ambassade à Paris sur un de nos bâtiments à vapeur dont les frais d'aller et de retour seraient payés par elle. Cette ambassade devait partir promptement pour arriver en France avant l'apposition de la signature de S. M. l'Empereur au bas du traité, qui devait être ratifié dans le délai d'un an, et que les Annamites, ergotant sur la valeur à donner à une lettre chinoise du texte, disaient ne pouvoir être ratifié avant un an.

Mais les propositions de cette ambassade, comme point de départ, niaient au commandant en chef français, quoique les pleins pouvoirs eussent été vérifiés des deux côtés avant d'entrer en discussion, qu'il eût le droit d'exiger une cession d'une partie du territoire annamite. Devant cette énormité, il est inutile de parler des autres points à discuter.

Ne voyons-nous pas, par cette démarche pleine de mauvaise foi, combien la cour regrettait d'avoir dérogé à la tradition suivie depuis le commencement de la guerre, celle de n'accorder à des plénipotentaires des pouvoirs illimités qu'avec l'exclusion de toute idée de cession territoriale? Nous dirons plus loin que ce qui rend Hué si sensible à cette faute, c'est que, dans cette faute, il y a un regret pour le présent et une crainte pour l'avenir.

Mais avant, revenons sur un trait bien frappant du caractère du gouvernement de Hué, trait que nous trouvons dans sa conduite depuis la signature du traité. Il nous montrera sa franchise forcée ou plutôt sa faiblesse d'un côté, et son indécision de l'autre, qui lui ont tracé deux lignes de conduite opposées, la première droite et la seconde fourbe, qu'il suit toutes les deux pour tâcher d'arriver à son résultat, qui est le rachat de la faute commise dans le traité.

Il nous faut, pour cela, descendre dans quelques détails qui feront connaître et les deux voies parallèles suivies par la cour de Hué, et notre ligne de politique, remarquable par sa droiture.

Car que fit ce gouvernement après la paix? Il s'empressa de payer une annuité de la contribution de guerre, en deux versements faits à des époques habilement calculées ; de nommer comme gouverneurs des provinces qui enclavaient nos nouvelles possessions, les deux hommes qui avaient fait le traité à Saïgon ; de nous envoyer une proclamation dite royale, faite ainsi qu'il était convenu et adressée par le Conseil royal aux habitants des provinces cédées, afin de leur annoncer le nouvel état de choses amené par la paix : l'obéissance à leurs nouveaux maîtres y était ordonnée ; les fonctionnaires sur notre territoire devaient se retirer auprès des deux gouverneurs ; enfin les rebelles recevaient l'injonction, sous peine de désobéissance à l'autorité royale, de rentrer tranquillement dans leurs foyers. Pour compléter ces diverses mesures, qui toutes étaient conformes à l'esprit du traité, ces deux gouverneurs venaient à Saïgon pour régler les détails du cérémonial relatif à sa ratification, qui devait avoir lieu à Hué, et ils se rendaient dans cette capitale pour y faire exécuter tous les préparatifs pour la réception des plénipotentiaires avec de grands honneurs.

Par cette conduite tenue par ces hauts fonctionnaires, la cour nous donnait le témoignage de vouloir tenir strictement les engagements que lui imposait le traité. Quelle analogie entre cette conduite envers le traité et celle de Gia-long à l'égard de la religion ! Mais c'est à cette conduite seule, véridique en apparence, que nous devons donner de l'importance, et sans considérer si elle est vraie ou fausse, nous devons la tenir pour sincère. C'est la paix qu'il nous faut pendant quelque temps, si nous voulons fonder un établissement sérieux en Cochinchine.

Que faisait la cour, d'un autre côté, au moyen d'agents secrets et même quelquefois officiels, mais alors passant en dehors de la voie régulière, qui était celle des deux gouverneurs, anciens plénipo·tentiaires pour le traité? Elle ranimait et encourageait la rébellion sur notre territoire, et elle affectait de ne lui donner qu'un caractère local, par son influence occulte, pour prouver l'aversion de ces populations à l'égard de notre domination. Mais nous n'avons rien à craindre de cette rébellion et de ces troubles qu'elle nous a suscités : l'effet produit en est terminé, et il est réprouvé par la population de nos provinces, qui en est harassée : et si nous n'avions pas trouvé un élément suffisant dans notre force matérielle, notre persévérance nous aurait donné un puissant auxiliaire dans le temps : avec lui, nous aurions trouvé, dans les dispositions de la population même, les moyens de la faire s'éteindre.

La rébellion avait pris pour marque de son action la fidélité à la dynastie royale ; mais elle n'a trouvé de durée qu'à cause de l'état de trouble dû encore à la guerre, et que dans l'amour-propre blessé de ses chefs principaux, à l'occasion du rejet de leurs prétentions par la cour de Hué, au moment de la conclusion de la paix. Ces chefs ont voulu par orgueil relever leurs services méconnus et leur valeur méprisée. C'est à ce moment que le gouvernement réussit à en profiter, en les excitant, par la promesse de grandes récompenses et de secours, à continuer leurs brigandages : et alors un parti de la cour, s'appuyant ouvertement sur les forfanteries de ces chefs, et profitant de l'assentiment de la mère du roi, forçait la main au gouvernement, qui était très-disposé à s'y prêter, pour le décider à remettre le traité en question. La rébellion devait faire peser ces prétentions sur nous ; mais elle a été détruite, et ses restes épars ne produisent plus, guidés par des chefs turbulents, que quelques désordres partiels, en se joignant aux bandes de brigands dont l'autorité annamite n'avait elle-même jamais pu purger le pays.

Ce traité, qui force le roi Tu-duc à nous céder trois des six provinces de la basse Cochinchine, nous place donc dans une situation toute nouvelle.

Si nous avons enfin obtenu cette cession territoriale qui nous donne pied dans l'Annam, cette propriété que nous n'avons si longtemps convoitée dans l'extrême Orient qu'après mûre réflexion et délibération sur les conséquences de tout genre où elle pouvait nous entraîner, soit en pertes d'hommes, en dépenses d'argent et de temps ; et si nous l'avons noblement gagnée, il s'agit maintenant de ne pas la payer trop cher, et de la rendre au contraire productive.

Quoique nous craignions de présumer de nos faibles forces, nous essayerons cependant d'examiner par quels moyens nous pouvons arriver à créer une colonie prospère dans ces contrées, et à y acquérir une juste influence.

IV

Comment la cour a été amenée à conclure le traité. — Orgueil de la classe des
lettrés. — Influence momentanée de cette paix dont nous devons profiter. —
Clauses du traité. — La paix est un bienfait.

Examinons maintenant le traité de Saïgon ; voyons dans quelle
situation il nous met, et comment nous devons l'envisager pour
qu'il nous soit profitable.

Ainsi, le gouvernement de Hué, qui était jusqu'à ce moment
resté sourd à tout essai de composition, vient de sortir de cet état
et d'accepter, par un revirement subit de sa politique, les conditions imposées par le traité de Saïgon.

Que signifie cette conduite? est-ce l'expédient d'un gouvernement aux abois, qui a reconnu la puissance de son adversaire et
qui s'y soumet pour éviter de plus grands maux ? Est-ce le résultat du triomphe d'un parti sur un autre? ou plutôt n'est-ce pas
l'influence d'un homme sage, heureusement inspiré pour le bien
de sa patrie et dont la sagacité est préoccupée avant tout de son
avenir ?

Il y a de tout cela.

Nous avons déjà développé le motif politique qui a amené le
traité ; mais ce n'est qu'après beaucoup de luttes et d'intrigues de
cour que Tu-duc s'est décidé à prendre cette résolution. Car, reconnaissant que la voie où il se laissait entraîner par les grands,
ennemis de notre présence, était pour son empire comme un
abîme qui s'agrandissait tous les jours, ce souverain a alors
écouté les paroles sages que lui faisait entendre depuis longtemps
un haut dignitaire du royaume, ancien précepteur de son enfance
et qui fut toujours remarqué comme homme de bien dans sa carrière déjà longue.

Nous ne croyons pas qu'il y ait eu de triomphe de parti ; en
effet, nous avons déjà montré combien tout ce qui est lettré ou
pour mieux dire fonctionnaire élevé, doit avoir de haine contre
nous. Mais c'est à la bonté de cœur de l'un d'eux qu'est dû ce résultat ; car, ému des souffrances et de la misère toujours crois-

santes du peuple, à cause des lourdes charges de la guerre, sa raison a été éveillée et frappée par les bienfaits qu'amènerait la paix et par les grands malheurs, entrevus par sa clairvoyance, qu'elle éviterait à sa patrie.

Ainsi, pour nous, cette guerre n'a pas fini, parce que Tu-duc était peiné et fatigué par la vue de son peuple rendu de plus en plus misérable. Non, Tu-duc est le premier de ses lettrés et, chez lui, l'orgueil est la qualité qui domine ; car chez ce peuple où bien des choses sont l'inverse des nôtres, il faut appeler ainsi ce défaut. Et, en effet, par la rébellion que ce souverain suscitait encore (alors qu'il devait au contraire l'éteindre, puisqu'il avait déjà signé la paix avec nous), n'a-t-il pas prolongé la misère et les souffrances de son peuple entier ? Mais nous n'entendons pas parler de ceux qu'il prenait pour son peuple, de ceux dont il entendait les clameurs poussées autour de son palais, de ces familles de mandarins qui ne gémissaient que par orgueil et pour la perte de leur prestige, qu'elles croyaient voir s'évanouir par suite de l'occupation française !

Cette paix nous montre aussi que la cour de Hué a la certitude de notre force matérielle et de notre grande supériorité. Étant obligés de subir la paix, les grands se demandent s'il ne leur serait pas possible de nous dérober le secret de ce feu sacré qui fait notre force et dont ils affectent de ne voir là preuve que dans les instruments matériels dont nous nous servons : car leur orgueil, toujours l'orgueil, les empêche de s'avouer cette infériorité, surtout pour la puissance intellectuelle. C'est cette direction à lui donner qu'ils recherchent à notre contact pour parvenir à nous égaler ; résultat auquel ils seront arrivés dès que quelque intrigant aura dit à la cour qu'il peut se mesurer avec nous. Nous ne craignons pas de nous tromper en assurant, maintenant que cette paix est acceptée par eux, qu'ils la voient cependant avec une espèce de satisfaction qui leur est donnée par l'espoir de gagner ces secrets que nous ne leur cachons pas plus que nous ne le faisons d'habitude à l'égard de nos ennemis. Mais soyons toujours prêts, car ils ne veulent qu'une trêve de courte durée ; l'avenir le montrera, surtout si nous nous laissons aller à écouter leur demande.

Ne voit-on pas là l'aveuglement absolu d'une caste incorrigible

par son orgueil, craignant de perdre à jamais son influence et son prestige, qu'elle ne peut plus conserver en puisant dans ses livres ? Ces vénérables livres dont la lecture faisait sa force aux yeux des masses ignorantes, ils lui sont désormais aussi inutiles qu'à elles : et tout cela, le peuple le reconnaît bien ; c'est là ce qui la blesse et c'est ce dont nous devons profiter promptement : car ces bonnes dispositions, que nous voyons se manifester par de fausses démonstrations amicales, ne se représenteront pas toujours pour nous permettre d'assurer notre puissance et d'établir notre domination.

Deux voies se présentent pour cela : mais avant de les étudier, revenons au traité et examinons les principales clauses qu'il renferme. Nous y trouvons des garanties très-sérieuses pour la religion chrétienne, quant à son libre exercice et à son enseignement, dont il ne reste plus à régler que les détails ; un commencement de contact avec les Européens, grâce à l'ouverture de trois grands ports au commerce étranger ; une indemnité de guerre qui tient ce pays dans notre sujétion pendant dix ans ; et, enfin, la cession des trois provinces de Bien-Hoa, de Mythô, de Saïgon et de l'île de Poulo-Condor.

Nous aspirions, il est vrai, à la conquête des six provinces de la basse Cochinchine, du moins tel était le vœu unanime du corps expéditionnaire ; car elles forment un tout qu'il est bien difficile de laisser scindé en deux pendant longtemps. C'est quand ce tout sera reformé, et ce résultat peut être obtenu facilement, que nous serons délivrés du contact constant que nous sommes obligés d'avoir avec les autorités du roi Tu-duc, forcées de traverser notre territoire pour communiquer avec le reste de l'empire. Mais si l'on considère les malheurs occasionnés par la guerre, la perte de l'habitude du travail qui se propageait, le brigandage qui s'était développé en présence d'une anarchie presque forcée, le conflit inévitable entre deux autorités se disputant encore la domination, et surtout les aspirations individuelles qui se manifestaient de tous les côtés, et qui, en ne respectant plus le pouvoir des vieilles traditions, auraient rendu le gouvernement de plus en plus difficile, on se réjouit des résultats obtenus par ce traité, et l'on trouve que ce qu'il nous a donné est, d'un côté,

proportionné aux moyens employés, et, de l'autre, n'est pas tellement sévère que le vaincu ne soit amené à s'y soumettre sans trop
de haine.

V

Le traité envisagé par rapport à nos intérêts. — Les deux voies qui se présentent.
— Examen de la première voie. — Ambassade à Paris. — Comment il faut
envisager sa venue. — Du rachat des provinces. — Développement de notre
influence et de notre commerce impossibles par la cession du territoire conquis.
— Pour quels motifs. — Où nous mène cette conduite.

Maintenant, quand on envisage le traité par rapport à nos intérêts, voici les deux voies qui se présentent.

Quand il s'agit d'intérêts aussi graves, il est tout naturel de
rechercher quel moyen doit nous assurer promptement, en suivant toujours les lois de la morale, les avantages les plus considérables. Une pensée se présente immédiatement à l'esprit en réfléchissant à ce qui a déjà eu lieu dans ce pays : les résultats obtenus sous le règne de Gia-long sont encore empreints dans
notre mémoire ; voyons si un moyen analogue n'est pas appli-
cable. Il est vrai que nous apportions à Gia-long des secours précieux ; mais au gouvernement de Tu-duc, ne pouvons-nous pas
lui offrir des compensations qu'il trouvera aussi précieuses, à en
juger par sa ligne de conduite depuis la paix, par ses obsessions
continuelles faites directement ou indirectement au sujet de ses
regrets pour la cession territoriale qu'il nous a faite ? Disons-le
tout de suite, cette voie ne nous convient pas.

Pour faire connaître le résultat qu'il y a à en attendre, nous
ne saurions mieux comparer les promesses du gouvernement annamite qu'à celles d'un joueur de profession, qui, n'ayant perdu
qu'une partie de sa fortune, viendrait pleurer auprès de son adversaire pour l'apitoyer sur son sort comme s'il avait tout perdu,
et obtiendrait de lui la restitution de sa perte sur l'assurance qu'il
ne rejouerait plus. Or, on sait ce que dit le proverbe à ce sujet ;

et nous n'avons pas besoin d'énoncer les conséquences qui en ré-
sulteraient pour nous.

Même après son insuccès officiel à Saïgon, nous voyons ce gouvernement, qui ne se tient jamais pour battu, profiter, pour renou-
veler ses désirs à ce sujet, de l'envoi de son ambassade à Paris
pour y apporter des cadeaux en échange de ceux que le roi
Tu-duc avait reçu de la munificence de S. M. l'Empereur des
Français.

Dans cette démarche présentée de cette façon, quoique au fond
la question secondaire en apparence fût la principale, nous ne
voyons plus la même portée que dans celle faite à Saïgon : ce
n'était plus qu'un essai officieux qui devait être tenté à Paris en
s'en remettant aux circonstances ; c'était plutôt une prière adressée par le vaincu au gouvernement omnipotent du vainqueur,
pour l'engager à alléger les charges que ce traité lui imposait. Il
ne lui fallait qu'un simple témoignage de bonne volonté et il était
même facile d'aller au-devant de ses désirs pour certaines ques-
tions en échange desquelles nous aurions reçu les mêmes protes-
tations d'amitié éternelle entre les deux peuples.

Il faut dire que cette ambassade arrivait en France dans un
moment bien favorable pour elle ; ne parlons à ce sujet que d'un
fait qui s'est propagé on ne sait comment, sous l'apparence d'une
consistance réelle, de ce bruit de rachat des trois provinces qui
avait devancé son arrivée et qui circulait partout. Mais le gouvernement annamite ne comprend pas combien la vente du sang
et des cendres encore chaudes des enfants de la France qui ont
péri en donnant un fleuron à sa couronne, serait une action peu
généreuse de notre part.

Nous nous contenterons de démontrer que, si c'est la fidèle exécution des clauses du traité relatives à la religion et au commerce
que nous désirons obtenir, nous ne l'acquerrons pas plus par ce
moyen que cette influence que l'on croit voir dans un protectorat
qui nous donnerait les rênes de son gouvernement. Le pays n'est
pas encore préparé pour que le temps en soit venu : là est tout
l'obstacle.

Certes, au lieu d'employer le moyen qui précède, il serait bien
plus généreux et plus en rapport avec le caractère français de res-

tituer tout le territoire conquis, sans ajouter d'autre condition au traité revisé que celle de respecter ceux qui avaient embrassé notre parti et qui s'étaient soumis franchement à notre domination. Nous pourrions peut-être enchaîner le gouvernement de cette nation par les liens d'une reconnaissance que nous chercherions à transformer en amitié.

Mais ni l'un ni l'autre de ces moyens ne conviennent; car, supposons qu'on rende à Tu-duc ces trois provinces, il faut bien que nous y conservions cependant des points qui puissent assurer la sécurité des Européens et nous garantir, autant que possible, la prospérité du commerce !

Nous aurons alors, à côté de l'autorité supérieure française, une autorité supérieure annamite, mais complétement sous la dépendance de la cour de Hué. On avouera que l'entente sera bien difficile entre elles, à moins que l'une d'elles ne cède complétement à la volonté de l'autre. A combien de conditions complexes est alors soumise l'exécution de ce plan ! A côté des obstacles moraux se présenteront à chaque instant des difficultés physiques ou matérielles; l'interprétation des instructions, le recours au gouvernement de Hué pour tous les cas nouveaux ou imprévus, les contestations, les différences de caractère et de mœurs, les embarras forcés du commerce, obligé d'avoir recours à des autorités étrangères cupides, le retard amené dans toute espèce de transaction : voilà ce qui se présente. Mais ce ne sont que les moindres difficultés. Examinons, en détail, ce qui en résultera pour le commerce, l'industrie, l'agriculture, et surtout pour la morale et la religion, pour ce rôle civilisateur qui a contribué puissamment à nous amener dans ces contrées.

Quant au commerce, remontons, pour mieux comprendre la question, à la situation de la basse Cochinchine avant notre arrivée. Les six provinces pouvaient fournir aisément une exportation de 80,000 tonneaux de riz blanc, c'est-à-dire de quoi nourrir près de 150,000 familles tous les ans. Le chiffre de cette denrée est, pour nous, la base et l'assiette de notre commerce, en attendant le développement des autres cultures. Or, tout ce commerce nous serait ravi ; car que devenaient ces 80,000 tonneaux de riz à cette époque? Les 8 à 9 dixièmes en étaient exportés annuellement à Hué et dans les provinces avoisinant la capitale, pour en nourrir la population qui s'adonne peu à la culture du riz, sa richesse consistant surtout dans les cultures diverses, qui lui donnent moins de peine et sont plus lucratives. Ces riz servaient aussi à alimenter les nombreuses troupes de Hué et les familles des fonctionnaires, toutes ratioń- naires du gouvernement. C'est cette difficulté à faire cultiver le riz par les habitants de ces provinces qui y a amené, pendant la guerre, une grande cherté de la vie; ces deux motifs font surtout regret- ter à la cour la perte du grenier qu'elle nous a cédé si difficilement, et d'autant plus que ces provinces étaient le berceau de la dynastie actuelle des Nguyen.

Évidemment, ce qui se faisait avant notre arrivée se ferait de nouveau, et il ne resterait plus, avec ce système, que 8 à 10,000 tonneaux pour l'exportation européenne, qui se les verrait encore enlevés par le commerce de détail des Chinois.

Quelle est l'industrie qui pourrait se développer avec un pareil système qui n'offre aucune garantie aux capitaux? Quelle est la personne qui voudrait se fier à la parole d'un mandarin annamite qui se laisserait gagner pour quelques piastres? Il n'y a aucune garantie pour des exploitations telles que les scieries, les sucreries, les indigoteries, les magnaneries, etc..... qui commencent déjà à s'établir sous notre administration. — La cession des provinces est donc la perte de toute industrie.

—Il en est de même pour l'agriculture. Quelle confiance offriraient des contrats passés sous la protection de ces autorités? Par quels moyens pousser les habitants dans une voie de progrès, alors qu'ils craindront d'être dépouillés, par leurs mandarins, des richesses qui seraient, avec nous, la récompense de leur travail et de leur ini tiative? La routine continuera: il n'en saurait être autrement, avec ce système.

Mais le but le plus important, le plus solennel que nous impose notre présence dans ces contrées, que va-t-il devenir? N'est-il pas irréalisable? Et, d'ailleurs, quel exemple donnons-nous à cette population? Nous manquons à notre parole, engagée à la face de tout ce peuple, à l'égard de ceux qui, se confiant en elle, sont venus en masse se rallier à notre domination; et cela ne s'adresse pas à une petite partie, mais bien à la grande moitié de la population des trois provinces. — Que de représailles!

Quand, ce qui est certain, nous serons obligés de rompre avec Hué, quels vains efforts n'aurons-nous pas à supporter, à moins de vouloir subir une humiliation, pour remettre sous notre joug ce peuple trompé par nous, alors qu'il s'y mettait volontairement? Quelle force ne donnerions-nous pas, par cette conduite, à nos adversaires! Et dans quel discrédit tomberait à jamais le nom français dans l'extrême Orient! Ne voit-on pas aussi la corruption qui va regagner tous ces fonctionnaires annamites, avides de s'enrichir aux dépens de leurs administrés? Toutes ces turpitudes administratives et judiciaires que notre présence flétrissait déjà aux yeux du peuple, ne vont-elles pas recommencer?

Qui va donner l'impulsion aux écoles et préparer toutes ces réformes que l'éducation, espérance de notre grandeur à venir, doit nous attirer? Et la religion, aussi, y trouvera-t-elle les garanties suffisantes pour sa liberté d'action?

Nous craignons de nous étendre davantage sur les conséquences funestes qu'amènerait une pareille ligne de conduite; cependant, nous envisagerons encore le rôle qu'auraient à jouer nos autorités à côté de celles du gouvernement de Hué.

Quel prestige aurait un gouverneur obligé de descendre constamment dans l'arène pour discuter avec les autorités annamites? Les intérêts de la France seraient-ils dignement représentés de cette manière? L'impulsion des autorités françaises serait nulle sur un pays soumis à d'autres maîtres, car les mandarins n'oublieront pas que, hier, nous étions des conquérants; et cette cession, malgré notre force, sera proclamée partout à ce peuple ignorant et obéissant, par ceux qui le gouvernent, comme un signe de faiblesse de notre puissance qui, en ce moment, n'est encore comprise que d'un petit nombre d'hommes éclairés; et, par suite, l'étincelle de la vengeance sera vite rallumée dans leur cœur. Et, d'ailleurs, dans le cas douteux où les mandarins se prêteraient volontiers à nos désirs, ils ne pourraient pas suivre la direction que nos intérêts nous indiqueraient, parce qu'ils en seraient incapables. La prospérité de nos établissements les inquiéterait peu; le commerce n'est pas ce qui doit les enrichir, mais bien les concussions.

Ils s'empresseraient d'augmenter les impôts de la basse Cochinchine, pour que son revenu croisse d'une somme égale à l'annuité fixe qu'ils s'engageraient à nous payer en retour de la cession. Or, ce moyen n'est autre que si, dans ce moment, nous grevions nous-même le pays de ce nouvel impôt, qui enlèverait autant à sa richesse. Nous n'aurions, d'ailleurs, aucune garantie du payement régulier et continuel de cette somme, et avant peu nous serions amenés à faire des menaces, forcés même bientôt après à employer des moyens coercitifs pour en exiger le paiement, surtout si nous venions à diminuer nos forces ; et c'est là que Hué veut nous amener habilement.

Donc, dans l'exécution de ce plan, il n'y a qu'un triste et obscur rôle pour nous : celui de voir se consommer la ruine complète de l'avenir si beau que nous avions en perspective, et celui de rendre inutiles les sacrifices des dépenses déjà faites et à faire, pour l'unique résultat de la perception d'une annuité fixe ; et cela par la vente de provinces que nous avions conquises par un traité obtenu au prix de notre sang ! On ne pourrait, d'ailleurs, citer dans l'histoire la réussite d'un exemple de ce genre entrepris dans les mêmes conditions ; et combien graves seraient les conséquences de cette conduite, et que d'efforts et de peines pour atteindre de nouveau le niveau élevé d'où nous serions descendus volontairement !

Pour que cette question soit examinée sous toutes ses faces, prenons, en faisant la comparaison suivante, le cas le plus favorable qui puisse se présenter pour l'exécution de ce projet. Supposons que nous voulions arriver à un résultat analogue à celui du règne de Gia-long. Mettons Tu-duc à la place de ce prince, et donnons à l'ex-ambassadeur Phan-tan-giang, qui a excité partout de si vives sympathies et le seul de son royaume capable, en ce moment, de comprendre le traité et de le faire exécuter, la même influence que celle qu'exerçait l'évêque d'Adron sur Gia-long. Supposons que son dévouement à nos intérêts soit le même que celui du gouverneur de nos possessions, à la dévotion duquel il serait complétement. On verra sans peine que le but est ici tout différent, et que nos principaux moyens d'action sur la cour sont la morale chrétienne et l'argent que nous pourrons faire entrer dans le trésor de Hué par l'impulsion commerciale. Certes, la situation est bien inférieure à celle du temps de Gia-long, et elle l'est d'autant que la propagation de la religion chrétienne a été obtenue par la force. Quant à l'argent que le trésor peut retirer du commerce, les Annamites seront toujours persuadés que nous avons les plus gros bénéfices à leurs dépens, et leur gouvernement, qui méprise tout ce qui touche au commerce, ne pourrait trouver cette voie bonne qu'à la condition de se faire lui-même commerçant : or, c'est ce qu'il fait déjà ; car, en accaparant le monopole entier du commerce, de l'industrie et des cultures, il s'est toujours opposé au développement de la richesse particulière. Il ne voudra pas renoncer à ce privilége qui entrave toute extension commerciale.

On voit donc encore que l'échafaudage de ce plan roulerait sur deux hommes, dont l'un est supposé dans la dépendance d'idées de l'autre. Mais Phan-tan-giang, par son éloignement de la cour, pourra-t-il maintenir longtemps son souverain dans les mêmes idées ? A sa mort, car son âge est assez avancé, pourra-t-on lui trouver un digne successeur ? Son souverain lui-même ne voudra-t-il pas rompre ces relations ? Nous croyons que les exemples du passé, énumérés plus haut, peuvent nous édifier largement à ce sujet. Pour arriver à la réussite de ce plan, il faut supposer la réforme de tout ce qui est fonctionnaire dans l'empire d'Annam : or, c'est opérer sur une trop large échelle, dans le début, pour espérer un succès. C'est vouloir élever un édifice sans se donner le temps de consolider sa base. Il faut, au contraire, marcher pas à pas pour aller à coup sûr, et nous trouverons dans l'exécution du plan fourni par la seconde voie, tout ce qu'il faut pour fonder une colonie sérieuse dès les premières années et pour satisfaire notre ambition politique, dès que nous serons à même de marcher de l'avant.

VI

Examen de la seconde voie. — Deux arguments. — Réponse au premier argument. — Comparaison entre la Cochinchine comptoir et la Cochinchine colonie. — Moyens et forces à employer dans les deux cas. — Dépenses. — Revenus. — Preuves nombreuses de la prospérité à venir de la Cochinchine colonie.

La seconde voie, la seule rationnelle à notre avis, n'est que la juste conséquence de la poursuite des idées qui nous ont amenés dans ce pays. En effet ! le traité du 5 juin 1862 nous donne trois provinces ; notre premier devoir est de nous empresser de ranger sous notre autorité la population laborieuse qui les habite, et de lui faire oublier ses anciens maîtres. Nous y parviendrons aisément par les garanties que lui donnera la certitude de notre établissement définitif dans le pays ; par l'assurance de la conservation de ses traditions, de ses mœurs, de ses lois et de ses propriétés ; par la justice que nous mettrons à la diriger, la bonté qu'elle trouvera en nous, la protection que nous lui donnerons, et la prospérité et le bonheur qu'elle obtiendra sous l'impulsion de notre administration éclairée. Or, si l'on a été amené à vouloir s'écarter de cette direction, nous allons examiner successivement quelles sont les raisons qui ont pu amener à ce résultat, et nous les combattrons par des arguments qui seront trouvés sérieux, nous osons l'espérer.

On n'a pu mettre en avant contre le projet qui nous occupe que ces deux griefs : 1° les sacrifices à faire ne sont pas en rapport avec les résultats que peut donner ce pays ; 2° l'administration de cette population aux mœurs si différentes des nôtres, n'est pas possible dans nos mains ; nous n'aurons que ruines tant que l'ancienne autorité, qui était si forte, sera éloignée d'elle. C'est dire nettement que nous nous sentons incapables de mener ce pays et de le doter d'une administration qui puisse le maintenir dans l'obéissance à notre autorité, à cause de la grande influence qu'aura toujours Hué sur ces provinces. Tels sont les points dont il faut démontrer l'exagération ou plutôt la fausseté.

Occupons-nous du premier point, et pour cela supposons que la France n'ait jamais eu l'intention d'avoir des possessions dans ces contrées, et que, pour obtenir le redressement des griefs qu'elle a poursuivis de concert avec l'Espagne, elle soit arrivée au traité de 1862 ; que par la générosité qui rend si noble son caractère à l'étranger, elle ait renoncé à la possession de ces trois provinces et qu'elle se contentât de certains points dans la conservation desquels elle crût voir une assurance pour acquérir une bonne influence dans le pays et entretenir avec lui un commerce devant développer sa marine marchande. Voyons ce qui lui conviendrait dans ce cas et énumérons les moyens nécessaires pour l'occupation de ces points, ou, pour mieux dire, pour l'établissement d'un comptoir commercial à l'abri d'un port militaire et maritime que la nature a créé de première importance. La comparaison de ces moyens indispensables avec ceux nécessaires pour l'occupation des trois provinces, nous montrera les avantages et les désavantages matériels de l'un et de l'autre système.

Dans les deux cas, Saïgon est le centre du comptoir ou le centre de la colonie ; il est aussi le lieu de résidence des diverses branches de service nécessaires pour l'administration. Or, dans les deux systèmes, les administrations sont forcément les mêmes : car ne faudra-t-il pas toujours un gouverneur et son état-major ; une direction des affaires civiles et indigènes et tout leur personnel ; une trésorerie ; des employés des postes et des télégraphes ; un personnel administratif complet pour la centralisation de tout ce qui concerne le service courant de l'administration des corps de troupes et de la marine, pour l'entretien et la surveillance des magasins de vivres, de matériel, de charbon et pour classer toutes les dépenses ou consommations ? Ne faut-il pas des officiers du génie maritime pour les constructions, l'entretien et les réparations des bâtiments et la direction des ateliers ; enfin un service sanitaire pour la direction des hôpitaux, etc., etc.? La seule différence qui soit en faveur du comptoir ne consiste que dans la diminution du personnel chargé de l'administration directe des indigènes. Mais nous montrerons que, loin d'être une charge pour la colonie, l'entretien de ce personnel, très-peu coûteux, permet de réaliser sur les recettes des trois provinces qu'il administre des sommes déjà considérables pour l'amortissement des dépenses de la métropole : tandis qu'avec le comptoir, toutes les sources de revenu nous sont enlevées pour l'annuité fixe et invariable qui est la conséquence de l'affermage de nos provinces.

Mais, avant, montrons quels sont les moyens qui doivent être mis à la disposition du gouverneur, dans les deux cas, et à quoi doit strictement se borner l'occupation territoriale pour le cas d'un comptoir.

Il faut évidemment une certaine étendue de territoire autour de Saïgon, bien établie par des limites distinctes. Si petit que soit ce territoire, il renfermera une population de 70 à 80,000 habitants : car il faut comprendre dans nos possessions la ville chinoise de Cho-lôn (Kio-leun), centre de tout le commerce de la basse Cochinchine, peuplée de 25 à 30,000 âmes, et séparés de Saïgon par une distance de 4 à 5 kilomètres. La population de Saïgon est de 12 à 15,000 âmes, et le territoire entourant ces deux points en a 15 à

20,000. C'est déjà un total de 52 à 65,000 âmes. Mais la position de Mythô nous est indispensable pour avoir accès dans le fleuve du Cambodge et pour y étendre notre commerce : ce sont 8 à 10,000 habitants à ajouter, ce qui forme un total de 60 à 75,000 âmes à administrer. Le cap Saint-Jacques et l'île de Poulo-Condor nous sont aussi nécessaires, l'un, pour garantir au moyen du phare la sûreté de la navigation, et l'autre, sentinelle avancée, pour l'établissement d'un excellent point de convalescence.

Le comptoir nous force donc à administrer environ 70,000 habitants, c'est-à-dire le dixième de la population des trois provinces, répandue, il est vrai, sur un territoire vingt fois plus grand. Or, où est celui qui, pouvant administrer dix hommes, serait incapable d'en gouverner cent, et cela dans des conditions plus identiques de fait qu'elles ne le paraissent en apparence par la divergence des deux systèmes?

En effet, cela résulte de l'examen suivant des forces indispensables dans les deux cas : avec le comptoir, la surveillance et la protection de notre commerce intérieur nous incombent : la police des voies fluviales et la répression de tout délit pris sur le fait en ressortit évidemment, si nous voulons maintenir la tranquillité nécessaire aux transactions. Mais c'est là ce qui nous donnait les plus grandes peines et les plus rudes fatigues pendant l'administration de nos provinces. C'est ce brigandage fluvial qui a amené le commencement de la plupart des troubles à terre, et nous nous donnerions toujours le même tracas pour en faire profiter le gouvernement annamite! Ce serait bien comme dans la fable de Bertrand et de Raton!

L'occupation de points tels que Mythô, le cap Saint-Jacques et Poulo-Condor, leur ravitaillement, et la surveillance de nos intérêts commerciaux, n'exigent pas moins de dix petites chaloupes canonnières, et deux ou trois avisos. Deux corvettes sont indispensables, et doivent être toujours prêtes pour l'imprévu, qui joue un si grand rôle dans la marine, pour propager l'influence de notre pavillon sur les côtes et pour y prêter leur secours en cas de sinistre. Un dépôt de marins doit exister à Saïgon, sur le vaisseau *le Duperré*, pour combler les vides et augmenter les armements, au besoin. Ce bâtiment doit avoir comme annexes le transport-atelier et un stationnaire au bas du fleuve. Enfin, dans les deux cas, les deux grands transports faisant les évacuations des malades et des convalescents sur Suez, tant pour la Cochinchine que pour les stations navales de la Chine, sont aussi utiles dans un but sanitaire et philanthropique que dans celui de soutenir le moral des troupes, et d'exiger par conséquent moins de forces effectives sur les lieux. Pour toutes ces raisons, le personnel embarqué sur les bâtiments avec les fonctionnaires et les agents de l'administration centrale, des divers magasins, des constructions navales, ne peut être inférieur au chiffre de 1,400 hommes.

Mais la garde de la ville de Saïgon et de tous ses établissements, celle de la ville chinoise, centre turbulent où trois ou quatre races de mœurs et de langages différents sont en contact, nécessitent un effectif de 1,800 hommes, en y comprenant un peu d'artillerie, de génie et de cavalerie ; car il faut une petite réserve à Saïgon. La citadelle de Mythô, les postes du cap Saint-Jacques et de Poulo-Condor exigent 6 à 800 hommes. On arrive alors à un total de 4,000 hommes, chiffre qui ne paraît pas trop élevé quand on pense que les congédiements, les rapatriements de convalescents et les décès réduisent l'effectif à 2,800 ou 3,000 présents dans le comptoir, chiffre encore diminué de 500 hommes par l'absence continuelle du personnel des deux grands transports. Les forces effectives s'élèvent donc, dans le cas d'un comptoir, à 2,300 ou 2,500 personnes, y compris tous les employés. C'est, certes, le strict nécessaire.

Or, l'occupation des trois provinces, même dans la période de la conquête, n'a jamais exigé plus de 6,000 personnes, tout compris ; et dans ce chiffre étaient même comptés 500 soldats indigènes, dont le nombre pourra être porté à 1,200 avant un an, sans le moindre danger (car il n'est pas nécessaire de les armer tous de fusils), et on pourra diminuer de ce chiffre le nombre des troupes françaises. Il n'y a donc qu'une différence de 2,000 hommes en moins en faveur du comptoir ; ce qui diminue les dépenses de 3,000,000 de francs par an environ, et de 2,000,000 seulement, quand les 1,200 indigènes auraient été substitués aux 1,200 soldats français, dans le cas de colonie.

Mais les dépenses à faire dans la Cochinchine sont presque toutes localisées à Saïgon, et pour faire de ce point un établissement sérieux, que Saïgon soit comptoir ou soit colonie, il faudra les mêmes dépenses. Tous les travaux en dehors de Saïgon, dans le cas de la possession des trois provinces, peuvent certainement attendre le développement des ressources de la colonie pour être entrepris, et être exécutés en partie par l'emploi de corvées de travailleurs établies d'après les usages pendant une certaine pé—riode de l'année ; mais il serait préférable de les exécuter plus promptement pour hâter la prospérité du pays. C'est donc Saïgon qui seul demande des dépenses dans les deux cas ; or, déjà toutes les grosses dépenses de canaux pour l'assainissement de la ville, de tracés de rues, de travaux de défenses, d'installation des troupes, de construction de magasins et d'ateliers, sont en grande partie faites ou le seront vers la fin de 1864. D'immenses travaux ont été exécutés depuis le commencement de l'année 1861 : il ne restera plus à faire que quelques dépenses nécessaires dans les deux cas, et elles incombent à la métropole. En dehors de ces tra-vaux, les recettes coloniales suffiront largement ; car, dès ce jour, le budget colonial non-seulement couvre toutes les dépenses, mais encore il peut verser une grosse somme au trésor pour servir à alléger d'autant les frais occasionnés à la métropole pour l'en-tretien du service militaire et de celui de la marine. On peut donc affirmer que le temps des dépenses pour la colonie est terminé, et que déjà elle fournit au trésor.

Voici des chiffres qui le prouveront clairement :

Les recettes annuelles, établies d'après les recettes faites jus-qu'à ce jour dans les trois provinces, s'élèveront pendant la pre-mière année de paix à la somme de (1). . . . . . . 3,900,000 fr.
qui, augmentées du versement des. . . . . 2,400,000 fr.
formant l'annuité de la contribution de guerre,
donnent un total de recettes de. . . . . 6,300,000 fr.

D'un autre côté, les dépenses de tous les ser-vices payés par la colonie, en dehors des dé-penses regardant les troupes et la marine, ne montent qu'à. 1,500,000 fr.

Il y a donc un excédant de. . . . . 4,800,000 fr.
des recettes sur les dépenses coloniales : c'est le tout ou une partie de cette somme qui commencera à dégrever les dépenses de la métropole.

Tandis que les recettes annuelles dans le cas d'un comptoir ne

(1) Voir à la fin la note *A* page 44.

vont qu'à 2,900,000, en y comprenant la contribution de guerre.

Ainsi, la différence entre les recettes dans le cas de colonie et entre celles dans le cas d'un comptoir, s'élèvent à 3,400,000 fr., et, certes, cette somme ne fera qu'augmenter rapidement.

A quel taux faut-il déterminer alors l'annuité pour la cession des provinces, si, dès ce moment, le gouvernement annamite devait nous verser à perpétuité plus de 3,000,000 fr., pour le rachat des provinces? Il ne ferait jamais ce sacrifice, trop lourd pour lui. En lui faisant de pareilles avances, quelle force n'aurait-il pas contre nous dans l'avenir! Il est évident, d'ailleurs, qu'en établissant un taux fixe, nous faisons une très-mauvaise opération, et cependant, dès ce moment, nous ne pouvons pas le fixer au-dessous de 3 millions par an.

Cette différence entre les deux systèmes de recettes ne fera que s'accroître, et par là arriver bientôt à couvrir les frais de la métropole. Or, l'excédant des recettes totales sur les dépenses coloniales totales s'élevant à la somme de 4,800,000 fr., permettra même, par la formation de deux bataillons indigènes, de diminuer nos dépenses en hommes et en argent, à cause de l'économie relative qui en résultera.

Nous allons encore faire connaître l'avenir de ce pays, s'il reste administré par nous, en le prouvant par des chiffres authentiques. Comparons la Cochinchine avec nos trois colonies les plus florissantes : celles de la Réunion, de la Martinique et de la Guadeloupe, parvenues toutes les trois à un degré de prospérité que nous regarderons comme stationnaire. Établissons le tableau comparatif suivant, au sujet de la population et des cultures qu'elles font ; on a :

NOMS DES COLONIES.	POPULATION TOTALE.	NOMBRE TOTAL d'hectares cultivés.
Réunion..................	180,000 âmes.	76,000
Guadeloupe	140,000 —	27,000
Martinique...............	135,000 —	33,000
TOTAL de ces trois colonies	455,000 —	136,000
Cochinchine française (trois provinces)................	700,000 —	114,000
Différence en faveur des trois colonies................	» —	22,000
Différence en faveur de la Cochinchine.............	245,000 —	»

Or, les documents relatifs aux trois îles sont ceux obtenus pour
l'année 1861, tandis que ceux qui concernent la Cochinchine,
donnent pour la population un *minimum exagéré à dessein*, et
pour les cultures un *chiffre entaché d'erreur ;* car le cadastre annamite date de vingt-cinq ans, et il est très-inexact, les villages
trompant l'autorité en accusant moins de cultures qu'ils n'en ont
réellement. Pour rétablir l'équilibre, il faut ajouter, au minimum,
un bon dixième au chiffre du tableau, ce qui ramènera la différence au chiffre de 10,000 hectares au lieu de 22,000.

La différence n'est donc pas considérable, et nous remarquerons qu'il est très-satisfaisant de voir des cultures aussi dévelop-
pées dans une contrée fermée au commerce extérieur, et ne
vivant que par son impulsion propre.

Il reste, il est vrai, un excédant de 245,000 âmes ; mais ce sont
précisément les bras de ces 245,000 âmes, chiffre trop faible, et
qui, réellement, s'élève peut-être au-dessus de 300,000, qui sont
la meilleure garantie du succès immédiat et du développement
de la culture sur les nombreuses terres incultes.

Nous ne comparerons pas l'importance du mouvement commercial des trois colonies à celui de la Cochinchine, quoique la valeur de ce dernier ait atteint environ 18,000,000 de francs pendant l'année 1862. Mais nous ferons remarquer que le port de Saïgon a été visité en moyenne, pendant les trois années 1860-61-62, par un nombre annuel moyen de bâtiments s'élevant au chiffre de 133, jaugeant ensemble 54,000 tonneaux, et de 87 jonques chinoises, jaugeant 21,000 tonneaux, ce qui donne un total de 220 bâtiments et de 75,000 tonneaux, nombre considérable dans lequel le pavillon français a eu une part de 30 p. 100 environ, soit un mouvement de 22,000 tonnes, et cela avant l'ouverture de la ligne des paquebots des Messageries impériales.

Tels sont les chiffres qui militent, d'une manière irrécusable, en faveur de l'importance de la conservation des trois provinces, et qui donnent une réponse à ceux qui dénigrent la valeur d'une pareille possession.

VII

Pour répondre au deuxième argument, qui est le plus important, il est nécessaire de jeter un coup d'œil rapide sur ce que nous avons déjà essayé en fait d'administration dans ce pays.

Dès le commencement de l'année 1861, après la prise des lignes de Ki-hoa dont les forces nous bloquaient dans Saïgon, notre conquête a commencé à s'étendre, d'abord sur toute la province de Saïgon et ensuite sur celle de Mythô. Pour ne pas laisser le pays dans l'anarchie, il nous a fallu reprendre les rênes du gouvernement, que laissaient à notre merci, par leur fuite, tous les administrateurs dépendant de la cour de Hué, et que venaient nous offrir en masse les autorités communales de la province entière. L'administration a passé alors dans les mains d'officiers français désignés dans ce but : et c'est de cette manière que nous avons

acquis promptement quelques documents indispensables sur l'ad-
l'administration du pays que nous venions de conquérir.

De cette manière, nous avons été vus à l'œuvre par ce peuple ;
ce qui a eu le grand avantage de nous faire apprécier par les populations, qui reconnaissaient en nous d'autres qualités que celles
de guerriers irrésistibles. La justice rendue avec équité par nous
et notre désir de travailler à la prospérité du peuple, ont pu être
reconnus de tous les côtés : aussi le nom français s'est-il montré
sous le meilleur jour à ce peuple frappé de notre immense supériorité, même jusque dans les plus petites choses. La comparaison
de cette administration avec l'ancienne fut tout à fait au désavan-
tage de cette dernière.

Le rôle de ce nouveau système fut beau ; mais il ne devait pas
être durable, comme tout ce qui est fait d'une manière trop exclusive. En effet, on n'avait pas tenu compte, ou, pour mieux dire,
il avait été impossible de tenir compte des défauts capitaux que
présentait ce plan ; la suite des événements n'a fait que le con-
firmer. Or, il n'y a pas d'aristocratie de naissance dans l'empire
annamite ; la véritable et seule noblesse est celle que donne l'étude
des lettres, c'est-à-dire le talent. Et tout le monde peut y aspirer
grâce aux concours en vigueur.

C'est cette classe d'hommes, imbue de préjugés enracinés et
dont nous avons montré l'orgueil dans le cours de ce travail, avec
laquelle on n'avait point compté du tout. Aussi a-t-elle montré
plus tard sa force et son action par l'obéissance qu'elle a obtenue
de toute la population en la maintenant momentanément sous son
autorité et en l'entraînant dans la révolte. Mais cette action allait
avoir sa fin, et nous devions, en la prévoyant, nous tenir prêts à en
profiter. C'est alors qu'un autre système moins exclusif que le premier a été introduit ; car il fallait tenir compte du caractère entier et orgueilleux de la classe des lettrés, et de la passivité de la
population et des agents inférieurs qui gèrent ses intérêts. Or,
c'est là qu'est toute la clef du problème. D'un côté, nous devions
donner de l'espoir à l'amour-propre blessé des lettrés, et de l'autre
montrer que nous savions tenir compte des dévouements à notre
cause en accordant de belles récompenses à tous ceux qui étaient
capables d'administrer et dignes de nous servir. C'était donc un
drapeau que nous arborions, en proclamant visiblement et à
l'avance les tendances de notre domination : *accueil à toutes les*

capacités sans distinction de classe, pour faire gouverner, sous notre bienveillante impulsion, le peuple annamite par des autorités annamites. Rien n'est moins contestable que la vérité de ce principe ; c'est seulement son application, sa mise en pratique, qui, si elle est difficile, est très-possible en Cochinchine, ainsi que nous allons le montrer.

Comme tout ce qui tient à la pratique, l'exécution de ce plan dépendait de circonstances plus ou moins favorables suivant les lieux, suivant même le temps, des hommes qui se présentaient dès le début et des éléments politiques encore trop variables. Les difficultés en étaient ainsi augmentées d'autant. C'est ce qui a fait que ce nouveau plan devait se plier à la marche de la conquête et aux diverses conditions que nous venons d'énoncer : pour cela, il devait prendre la forme exclusive du premier plan dans un cas ; dans un autre, transformer cette action toute française en une action indigène, moins administrative, en se mettant plus ou moins à couvert derrière elle ; et enfin, partout où cela devenait possible, accorder complétement l'action administrative à tout chef indigène capable ; mais en le dirigeant, en le contenant et en le surveillant. C'est ce but complexe qui est en voie d'exécution et en bonne voie de réussite, en ne laissant à l'action militaire qu'une place tout à fait restreinte et qui devra disparaître et s'effacer bientôt, ne laissant en évidence que le prestige de sa force prête à obéir à toute réquisition. Ce plan demande un grand dévouement de la part de ceux qui sont appelés à diriger sa mise en pratique, et toute l'attention de leur intelligence est nécessaire pour mener ce pays au but désiré pour la grandeur de la France.

Pour administrer, nous devons bien nous pénétrer de ces deux choses : du caractère du peuple annamite et de ceux qui doivent le gouverner, et du but que nous voulons et pouvons atteindre.

Le choix des administrateurs indigènes a été difficile jusqu'à présent, à cause de l'état de trouble et de guerre ; nous n'avons pas toujours trouvé de l'honnêteté chez eux ; mais ce qu'il nous fallait surtout, c'était des chefs dévoués et capables, en tenant compte toujours du caractère de la race. Déjà, un certain nombre d'entre eux remplit ces conditions ; et, dès que notre assiette dans le pays sera garantie à la population, nous aurons plus de sujets capables qu'il n'en faut. L'emploi même de quelques administrateurs mauvais n'a pas rejailli sur notre domination ; puisque le peuple a vu notre justice punir tous ceux qui commettaient des concussions, et ne pas reculer à réprimer les abus par la tête, chez ceux qui devaient l'exemple aux autres.

Notre but dans ce moment doit être de calmer l'effervescence qui règne dans les esprits, d'apaiser cette soif de dignités qu'avait développée l'insurrection, et que s'arrogeaient eux-mêmes les intrigants pour se soustraire à l'autorité des chefs cantonnaux et communaux élus par le suffrage du peuple. Après la période de la guerre, période si troublée, il faut que l'esprit trouve un nouvel aliment : il sera dans le rétablissement de l'ancien ordre de choses que nous pourrons étudier de plus près pour préparer les réformes ; dans le résultat de l'équilibre et la pondération des devoirs et des droits de chacun, que nous favoriserons en rétablissant le prestige de l'autorité indigène et le respect à ses décisions ; nous ramènerons ainsi insensiblement le pays au calme et à l'obéissance. Le gage en est déjà dans l'obéissance à notre autorité, dans le facile paiement des impôts, obtenu dès ce moment sans aucune contrainte, et dans l'ardeur qu'ont mise les populations à reprendre les cultures aussitôt après la répression de la révolte. C'est la meilleure assurance de la foi en notre domination de cette population agricole, paisible et laborieuse, qui n'aspire qu'au repos de ses fatigues et à la réparation des pertes que la guerre lui a occasionnées.

Mais tous ceux qui possèdent des terres, et il y a près de la moitié des familles dans ce cas, entrevoient que leurs gains auraient doublé depuis notre arrivée, puisque, si la paix avait pu être maintenue, ils auraient déjà profité de la grande augmentation de valeur donnée à leurs produits par notre commerce : c'est ce qu'ils ont vu clairement, malgré tous les obstacles de la cour de Hué pour tenir le pays en désordre. L'autre partie de la population, dont le cinquième environ forme la classe commerçante et industrielle, trouve aussi son avantage dans notre venue ; car ses travaux lui sont payés surtout en nature, et elle profite aussi de la plus-value acquise. Quant à la partie industrielle et commerçante, il est inutile de dire qu'elle y a déjà trouvé son avantage. Il n'y a que la population qui ne se livre pas à la culture du riz, celle qui ne faisait que des cultures diverses insignifiantes et ne suffisant que pour lui donner le revenu nécessaire pour vivre, qui a été surprise par

la cherté des vivres occasionnée par la rébellion de la fin de 1862 ;
et elle a souffert cette crise avec patience. Mais elle ne se doute
pas que ce sont les terres qu'elle possède qui doivent l'enrichir
promptement, en faisant l'avenir de la colonie, et qu'elle n'aura
bientôt rien à envier à la richesse des pays de rizières, en cultivant
les mûriers, l'indigo, la canne à sucre et le coton sur une plus
grande échelle, sous notre direction. C'est cette population de
150,000 âmes qui est la garantie de l'avenir de notre prospérité :
or, pour nous l'attacher, puisque c'est la seule qui ait été lésée
momentanément par la subite cherté des denrées amenée par la
rébellion, il faut la pousser à la culture ; et le commerce par l'abon-
dance des demandes de ses produits, l'attachera promptement à
notre domination.

Or, si l'orgueil a été chez les mandarins un grand obstacle à
· l'établissement paisible de notre domination, il n'en est pas de
même chez le peuple : nous trouvons, au contraire, dans ce côté du
caractère annamite, un bien grand levier en faveur de notre domination et de notre administration. Nous ne détaillerons pas les
preuves à cet égard, nous dirons seulement que son orgueil lui
donne une grande émulation et même beaucoup d'ambition.
L'homme du peuple est par conséquent très-sensible aux honneurs
des charges publiques, ce qui explique cette énorme quantité de
titres dont il se hiérarchise. Nous devons encore profiter de ces dispositions, d'autant mieux qu'elles fournissent beaucoup de parti-
sans à notre cause, par le discrédit où sont tombées les lettres annamites, surtout à cause des preuves matérielles de notre civilisation.
Par son intelligence, le peuple ne demande qu'à se plier aux
idées nouvelles que nous introduisons avec nous, et il a hâte de
voir ses enfants apprendre nos vingt-quatre lettres, qui semblent
lui donner l'entrée dans la nouvelle carrière des honneurs. Par son
amour de l'étude, il nous fournira bientôt des fonctionnaires qui
pourront déjà sauvegarder la population contre la corruption et la
dilapidation des autorités inférieures. Apre au gain, elle nous sera
encore attachée à cause de ce défaut ; car l'intérêt est le lien le
plus sérieux qui commencera à nous la gagner.
Ne craignons pas de donner de l'influence à la race conquise,
en restant toujours en mesure de la dominer : c'est là qu'est la

base de toute initiative individuelle, de toute liberté et de tout progrès pour le pays.

Enfin, il ne faut pas prendre le but final où nous voulons arriver, pour un but intermédiaire qui doit le précéder. A chaque chose il faut son temps. Nous devons passer d'abord par une période de transition et d'étude ; cette période sera caractérisée par les résultats suivants : 'obtenir la tranquillité, le payement des impôts, l'obéissance et un commencement de fidélité.

— La tranquillité nous sera donnée par l'assurance de la conservation de la possession du pays, et la population en verra le gage dans l'action de notre administration.

— Le paiement des impôts sera la conséquence de la substitution de notre gouvernement à celui de Tu-duc, et l'appui moral de notre force en assurera le versement.

— L'obéissance naîtra d'abord de cette passivité naturelle chez ce peuple d'obéir à celui qui l'administre, et qui possède le pouvoir. Nos efforts pour la prospérité du pays contribueront à le développer, et le progrès du bien-être et de la richesse de la population nous l'acquerra entièrement.

— Quant à la fidélité, nous y arriverons aussi ; je dirai même plus : nous parviendrons à l'assimilation. Nous en avons déjà le germe dans le cinquantième de la population qui est catholique, et c'est l'œuvre de l'éducation qui complétera ce résultat si précieux. L'assurance en est déjà dans l'empressement des chefs païens à nous confier d'eux-mêmes l'éducation de leurs enfants.

Enfin, pour compléter ces résultats moraux, la possession du cadastre annamite, déterminant parfaitement les limites de la propriété individuelle, est entre nos mains. C'est un puissant moyen de maintien de la population sous notre obéissance dans ces trois provinces, dont l'étendue ne dépasse pas celle de trois de nos départements. Ce n'est donc pas trop vaste pour notre surveillance et notre domination, que facilitent d'ailleurs les innombrables voies fluviales qui remplacent naturellement les voies terrestres. Leur population est assez considérable pour que nous puissions satisfaire à la juste ambition des indigènes suivant leur capacité, et en même temps pour assurer un prompt développement de richesse sous notre impulsion.

Grâce aux dispositions favorables des Annamites à l'égard de notre domination, nous pouvons affirmer qu'avant trois ou quatre

ans toutes les menées de la cour de Hué seront devenues impuis-
santss, et qu'au contraire notre influence s'étendra forcément sur
les trois autres provinces de la basse Cochinchine, qui, peut-être,
d'elles-mêmes se détacheront de l'autorité du royaume d'Annam,
pour se ranger sous notre domination. Il suffira à ce moment,
sans augmentation de forces, d'un seul chef français, résidant
au milieu d'elles pour les gouverner. Alors un rôle nouveau
commencera pour nous; des six provinces pénétrées par nos idées,
notre influence rayonnera sur l'empire entier, et, dès ce moment, notre colonie sera comme un vaste comptoir qui, absorbant
le commerce de ce royaume, finira par diriger les destinées du
peuple annamite.

Notre domination sur les trois provinces est donc essentielle et
indispensable pour la propagation de notre influence civilisatrice
et pour le développement de la prospérité générale. Notre commerce aura, dans cette colonie, cet appui dont il a besoin pour
étudier moins timidement qu'il ne l'a fait jusqu'à ce jour, ce qui
lui est nécessaire pour se mettre à la hauteur des vastes transactions de la Chine, auxquelles, sans elle, il ne peut prendre qu'une
part bien éphémère.

VIII

Conclusion. — La France doit avoir la basse Cochinchine comme colonie, et
non comme comptoir.

Nous avons montré dans les diverses parties qui composent ce
travail, les côtés les plus frappants du caractère du gouvernement
annamite, pour faire sentir combien il était difficile de se fier encore à ses paroles. Le traité de Saïgon, que la cour regrette tant,
et qui nous a donné la possession de trois magnifiques provinces,
n'est qu'un traité que nous appellerons traité personnel, parce
qu'il ne donne encore que l'expression de la pensée de quelques
hommes intelligents de ce peuple, peut-être même celle d'un seul.
C'est précisément pour cette raison que nous devons tenir à l'exécution entière de ce traité, dans lequel nous avons un instrument
pour faire l'éducation politique des grands de ce royaume en

notre faveur; de même que la possession des trois provinces nous permettra de faire celle du peuple annamite tout entier, sous le rapport moral et intellectuel.

Nous affirmons que ce traité, malgré quelques difficultés inévitables que nous devrons vaincre, en les dominant, par l'élévation de notre point de vue, nous donnera une paix de quelques années : c'est tout ce qu'il nous faut pour asseoir définitivement notre domination et notre influence sur les trois provinces. Mais nous devons considérer ce traité comme un point d'arrêt dans notre course, qui nous permet de prendre haleine, et d'étudier les tendances du gouvernement annamite. Ces tendances devront se manifester de deux manières : soit en restant favorables à la voie dans laquelle nous l'avons convié dans l'intérêt de la civilisation; soit en devenant hostiles à tout progrès sous notre initiative.

Dans le premier cas, il y aura union entre les deux peuples : le traité de personnel deviendra international, et les progrès de notre influence et de la civilisation seront assurés sur tout l'empire. Dans le second cas, le temps aura déjà mis nos possessions à l'abri de l'action de Hué, et si une pression occasionnée par notre convoitise des trois autres provinces de la basse Cochinchine ne suffit pas pour ramener la soumission de la cour à notre volonté, la menace mise à exécution nous donnera les six provinces sans exiger de nouveaux efforts. Isolés alors du reste de l'empire annamite, nous pourrons, en perfectionnant les éléments de richesse et de prospérité de notre territoire, dont l'étendue et la population auront ainsi été doublées, attendre que l'invasion des nouvelles idées propagées de nos possessions comme d'un vaste foyer, ramène cet empire dans le courant de ses intérêts : c'est l'affaire de quinze à vingt ans. Ou mieux, si ce résultat est trop difficile à atteindre, il n'y a qu'à laisser aller à ses aspirations le peuple, qui, commençant à être imbu des principes de notre civilisation, sera irrité des avantages qu'il perd; et nous pourrons les favoriser dans un but de progrès, en nous immisçant dans les affaires du Tonquin, qui cause tant d'effroi à la famille des Nguyen.

C'est ainsi que nous devons amener cette nation à marcher volontairement sous notre impulsion, ou à y être entraînée en voyant l'orgueil de sa cour dompté. Or, quelle que soit la con duite du gouvernement annamite, nous devons arriver au même but. La destinée de cet empire deviendrait alors belle entre nos mains, et elle contribuerait, par le facile changement d'éducation de ce peuple, à ébranler cette vieille civilisation chinoise, obstacle éternel à tout progrès de l'extrême Orient. Mais, avant que ce résultat se produise, nous tiendrons toujours dans nos mains une massue dont nous pourrons diriger les coups à notre gré, au moyen de cette nation annamite, placée comme un coin entre l'Inde et la Chine.

Tous ces résultats sont la conséquence de notre administration des trois provinces devenant une colonie entre nos mains : car, par les preuves données dans le cours de cette étude, nous avons montré que *ni la religion, ni la morale, ni l'agriculture, ni l'industrie, ni le commerce, ni la politique, ne trouvaient satisfaction dans le cas d'un comptoir à Saïgon.* Tandis que, au contraire, *avec une colonie, tous ces intérêts sont non-seulement satisfaits, mais ils grandissent notre influence dans ces mers, et l'y développent, ainsi qu'il convient à une nation puissante comme la France.*

Quels sont donc les sacrifices qu'impose à la France cette colonie pour qu'on songe à lui payer son honneur et sa gloire par quelques millions d'un versement problématique ? Est-ce maintenant que toutes les dépenses diminuent rapidement, et que les recettes augmentent et allégent les charges du trésor, que nous nous arrêterions ? Comment qualifierait-on celui qui, étant le possesseur d'un gros diamant brut, s'en déferait à vil prix, après en avoir commencé la taille ? Et c'est au moment où nous commençons à recueillir le fruit de nos fatigues et de nos dépenses, que nous désespérerions du résultat ? Alors que, de tous les côtés, Français, Anglais, Américains, Hollandais et Chinois, affluent sur le territoire que le traité de Saïgon nous a donné, y apportant chacun le génie de leur race et leurs capitaux ! Mais ce n'est pas une colonie que nous avons à créer, c'est une colonie qui veut se faire d'elle-même, tellement est grande, et restera grande, avec la liberté commerciale, la vitalité des ressources du pays.

Sommes-nous donc au temps de défaites sanglantes pour avoir de pareilles pensées ? La France, au contraire, n'est-elle pas dans une exubérance de prospérité qui veut rayonner au loin ? Qu'on l'instruise et qu'on l'interroge, et l'on s'assurera que son cœur n'a jamais faibli et ne voudra pas faiblir aujourd'hui devant les sacrifices qui développent son honneur, sa fortune et sa gloire. Oh ! non ; les labeurs, le sang et les cendres de tes enfants, ô France ! méritent à tes yeux un meilleur prix !

Nous dirons encore, si les preuves matérielles n'ont pas suffi, que l'honneur nous invite à ne pas déserter la cause de la civilisation, que la création d'un commerce florissant, enrichissant colonie et métropole le demande, et que le maintien de notre prestige national l'exige pour le développement de cette immense prospérité de notre empire.

Abandonnons plutôt tout, si nous ne nous sentons pas capables de supporter les charges que nous impose le devoir ! Mais nous serions vite remplacés dans l'accomplissement de notre tâche, et cela à notre honte, par une nation jalouse qui n'y faillirait certainement pas.

Non ; que la basse Cochinchine soit une colonie et non un comptoir ! La grandeur de la France le veut, l'ordonne, et la gloire d'un règne déjà si fécond en mémorables événements, en acquerra un nouvel éclat par l'honneur qu'il aura ambitionné de doter l'empire d'une grande colonie. Alors, de quelque côté qu'un navire dirige sa route, il pourra aborder dans le monde entier, en Océanie, en Afrique, en Amérique et en Asie, et y trouver le drapeau de la France implantant activement sa civilisation pour la protection de la religion et pour le progrès de l'humanité.

(Note A, page 31.)

REVENU DES TROIS PROVINCES

SOUS L'ADMINISTRATION FRANÇAISE DANS LE CAS DE COLONIE.

Revenu des fermes, des jeux et de l'opium (tend à augmenter considérablement..............................	1,200,000 fr.
Impôt de capitation sur les Annamites et les Chinois...	160,000
Impôt foncier des trois provinces, paiement en nature converti en argent (augmentera avec les cultures)....	1,400,000
Supplément à l'impôt foncier payé en argent..........	110,000
Droits d'ancrage et de phare (augmenteront peu, à cause de l'accroissement du mouvement sous pavillon français, qui est exempt de droits).....................	80,000
Revenu de l'impôt sur le commerce des bois (augmentera beaucoup)................................	100,000
Ventes de terrains et recettes des affaires civiles (augmentera)......................................	100,000
Ferme des pêches, impôt des barques de mer et de rivière (augmentera)................................	100,000
Corvée pour travaux convertie en argent.............	350,000
Impôt pour le service militaire (augmentera).	200,000
Ferme de la fabrication des spiritueux indigènes (augmentera).......................................	100,000
Total des recettes coloniales.....	3,900,000
Annuité représentant le 1/10e de l'indemnité de guerre.	2,400,000
Revenu total.....................	6,300,000

REVENU DANS LE CAS DE COMPTOIR A SAIGON.

Recettes du port de Saïgon	200,000 fr.
Impôts divers sur les Annamites, les Chinois et les cultures, etc...................................	400,006
Annuités représentant le 1/10e de l'indemnité de guerre.	2,400,000
Total des recettes du Comptoir...	3,000,000

DÉPENSES DES TROIS PROVINCES
DANS LE CAS DE COLONIE.

Dépenses de tous les services, y compris un effectif de 6,000 hommes (marine et guerre)	9,500,000 fr.
Dépenses du matériel, y compris celui de tous les bâtiments...	3,500,000
Dépenses de l'administration civile et indigène........	1,500,000
TOTAL des dépenses.............	14,500.000

Total des dépenses..............	14,500,000
Total des recettes..............	6,300,000
Déficit à la charge de la métropole.	8,200,000

DÉPENSES DU COMPTOIR DE SAIGON.

Dépenses de tous les services, y compris les 4,000 hommes nécessaires pour le Comptoir	7,000,000 fr.
Dépenses du matériel, y compris celui des bâtiments. .	3,000,000
Dépenses de l'administration indigène................	500,000
TOTAL des dépenses du Comptoir.	10,500,000

Dépenses du Comptoir..........	10,500,000
Total des recettes..............	3,000,000
Déficit à la charge de la métropole.	7,500,000

En supposant que les dépenses du Comptoir diminuent de 2,000,000 de francs, et que les recettes augmentent de 500,000 francs, il restera un déficit de 5,000,000 de francs à la charge de la métropole, à moins que la rente perpétuelle donnée, dans le cas de rachat, par la cour de Hué ne s'élève à ce chiffre énorme de cinq millions.

Au contraire, dans le cas de colonie, les dépenses, dans trois ou quatre ans, descendront à 10,000,000 de francs ; et, en supposant que les recettes ne s'augmentent que de 700,000 francs, il n'y aurait plus que 3,000,000 de francs à la charge de la métropole. Mais la prospérité du pays aurait bientôt comblé ce déficit, tandis que celui du Comptoir ne le serait jamais.

Ainsi, dans le cas de colonie, il y a prospérité, richesse, grande influence, paix et revenu pour la métropole ; dans le cas de comptoir, il y aura ruine, déficit continuel, perte de toute influence et accroissement de dépenses pour de nouvelles expéditions, à Hué même, pour venger notre honneur outragé avant peu, à cause de notre conduite prise pour de la faiblesse.

TABLE DES MATIÈRES.

Paris. — Imp. Divry et Cᵉ rue N.-D. des Champs, 49.